"COMO GANHAR DINHEIRO EM PORTUGAL"

Guia prático e objetivo

2023

Autor: João Carlos de Almeida Lemos

CAPÍTULO 1

INTRODUÇÃO

Visão Geral do Cenário Econômico em Portugal

Portugal, situado no extremo oeste da Europa, tem experimentado uma evolução notável em seu cenário econômico ao longo das últimas décadas. Esta visão geral proporciona uma análise concisa da atual situação econômica do país, abordando tanto os aspectos positivos quanto os desafios enfrentados.

Possui uma rica história econômica que testemunhou períodos de expansão e contração. Durante os últimos anos, o país tem buscado diversificar sua base econômica, transitando de uma dependência histórica em setores como a agricultura para uma economia mais voltada para os serviços e a tecnologia.

Situação Atual

Dados econômicos recentes destacam a resiliência de Portugal, com um crescimento econômico constante. O país tem visto uma evolução positiva na taxa de desemprego, refletindo uma recuperação gradual do mercado de trabalho. Indicadores de estabilidade econômica, como a inflação controlada, contribuem para a confiança dos investidores.

O Impacto da Pandemia

A pandemia global trouxe desafios significativos, mas a economia portuguesa tem demonstrado resiliência. Medidas ágeis do governo, juntamente com a adaptação rápida de setores-chave, ajudaram a mitigar o impacto econômico. Mudanças nos padrões de emprego, como o aumento do trabalho remoto, também moldaram a nova normalidade.

Oportunidades Emergentes

Setores em ascensão, como o turismo sustentável, a tecnologia e as energias renováveis, têm impulsionado oportunidades de investimento em Portugal. Inovações em pesquisa e desenvolvimento têm fortalecido a posição do país como um hub tecnológico na Europa.

Desafios e Obstáculos

Apesar dos avanços, Portugal enfrenta desafios, incluindo a necessidade contínua de atrair investimentos estrangeiros e diversificar ainda mais a economia. A sustentabilidade fiscal e a gestão da dívida pública permanecem áreas de atenção.

Em resumo, a economia portuguesa passa por uma fase de transformação, marcada por oportunidades promissoras e desafios prementes. Este cenário cria um ambiente dinâmico para aqueles que buscam explorar diferentes maneiras de ganhar dinheiro em Portugal, seja através de empregos convencionais, empreendedorismo ou investimentos estratégicos.

Objetivos do eBook

Este livro tem como missão principal guiar os leitores através do intricado cenário econômico português, proporcionando uma visão detalhada das inúmeras oportunidades disponíveis para ganhar dinheiro no país. Ao empoderar os leitores com conhecimento prático, pretendemos oferecer as ferramentas necessárias para que possam tomar decisões informadas em suas jornadas financeiras.

Ao explorar temas que abrangem desde o mercado de trabalho até o empreendedorismo e investimentos, almejamos promover uma compreensão mais profunda da dinâmica econômica em Portugal. Este livro não apenas destaca as oportunidades emergentes, mas também enfrenta os desafios presentes, permitindo que os leitores naveguem por um caminho informado em direção ao sucesso financeiro.

A diversificação de fontes de renda é um conceito central que buscamos instilar nos leitores. Inspiramos a consideração de múltiplas abordagens, desde empregos convencionais até empreendimentos inovadores e estratégias de investimento. Reconhecemos a importância vital dessa diversificação para construir uma base financeira sólida e resistente às flutuações do mercado.

Destacamos, também, a inclusão de orientações práticas baseadas em casos de sucesso e lições aprendidas. Ao oferecer conselhos passo a passo, este livro visa simplificar o processo de busca de emprego, o início de um negócio ou o investimento, adaptando-se às necessidades individuais de cada leitor.

Em última análise, este livro é mais do que um guia prático; é uma fonte de inspiração. Ao apresentar histórias de sucesso reais e acessíveis, queremos ilustrar que o sucesso financeiro em Portugal é alcançável para todos, independentemente de sua origem ou experiência. Com este livro, esperamos proporcionar não apenas conhecimento, mas também motivação para que cada leitor construa seu próprio caminho rumo à prosperidade financeira em solo português.

Oportunidades de Emprego em Portugal

Portugal, com sua vibrante cultura e cenários pitorescos, oferece um mercado de trabalho dinâmico, com oportunidades diversas para aqueles que buscam uma carreira próspera. O setor de empregos em Portugal reflete a diversificação econômica do país, abrindo portas para profissionais em várias áreas.

No atual cenário, o mercado de trabalho português tem testemunhado um crescimento constante, especialmente em setores emergentes como tecnologia, turismo sustentável e energias renováveis. A demanda por profissionais qualificados nessas áreas cria oportunidades significativas para quem procura empregos inovadores e alinhados com as tendências globais.

Além disso, Portugal tem se destacado no desenvolvimento de startups e empresas de base tecnológica. As cidades, como Lisboa e Porto, tornaram-se verdadeiros polos de inovação, oferecendo oportunidades para empreendedores e profissionais interessados em contribuir para o setor tecnológico em crescimento.

A flexibilidade no ambiente de trabalho também é uma característica distintiva em Portugal, com um aumento notável no trabalho remoto. Isso não apenas proporciona um equilíbrio saudável entre vida profissional e pessoal, mas também amplia as opções para aqueles que desejam explorar oportunidades de emprego fora das grandes áreas urbanas.

Para estrangeiros interessados em trabalhar em Portugal, o país oferece programas de imigração e vistos de trabalho que facilitam a integração. Essa abertura a talentos internacionais cria um ambiente inclusivo e diversificado no mercado de trabalho português.

Em resumo, as oportunidades de emprego em Portugal são vastas e abrangem uma ampla gama de setores. Seja você um profissional experiente ou um talento emergente, o mercado de trabalho português oferece um terreno fértil para o crescimento profissional e pessoal.

CAPÍTULO 2

MERCADO DE TRABALHO EM PORTUGAL

Setores em Crescimento

Portugal, com sua economia em constante evolução, apresenta diversos setores em crescimento que se destacam como motores impulsionadores do desenvolvimento econômico. Estes setores oferecem oportunidades promissoras para profissionais e empreendedores que buscam se inserir em segmentos dinâmicos e inovadores.

O setor tecnológico, em particular, tem se destacado como um catalisador essencial para o crescimento econômico em Portugal. Com centros de inovação em Lisboa, Porto e outras cidades, o país está se tornando um hub para startups e empresas de tecnologia, abrangendo desde a inteligência artificial até a cibersegurança. Essa expansão cria oportunidades empolgantes para profissionais com habilidades técnicas e criativas.

O turismo sustentável é outro setor que ganha destaque, alinhando-se à crescente conscientização ambiental. Com a beleza natural única de Portugal, o país está investindo em práticas turísticas sustentáveis, oferecendo oportunidades para profissionais interessados em promover o turismo responsável e ecológico.

As energias renováveis representam uma área estratégica para Portugal, impulsionada por uma forte aposta em fontes limpas de energia. A produção de energia solar e eólica tem crescido significativamente, criando oportunidades para engenheiros, cientistas e especialistas em energias renováveis.

O setor da saúde também está em ascensão, com investimentos em infraestrutura hospitalar, tecnologia médica e pesquisa biomédica. Este crescimento não apenas fortalece o sistema de saúde do país, mas também oferece oportunidades de carreira para profissionais da saúde e inovação médica.

Por fim, a economia do mar emerge como um setor promissor, explorando os recursos marinhos e promovendo atividades como a aquicultura e a exploração sustentável dos oceanos. Profissionais com conhecimento em ciências marinhas e gestão ambiental encontram oportunidades neste campo em expansão.

Em suma, os setores em crescimento em Portugal refletem uma abordagem inovadora e sustentável para o desenvolvimento econômico. Essas áreas oferecem oportunidades diversificadas para profissionais que buscam se envolver em setores dinâmicos e impactar positivamente o futuro econômico do país.

Empregos Remotos e Trabalho Freelancer

O cenário profissional em Portugal tem sido moldado por uma crescente tendência em direção ao trabalho remoto e oportunidades freelancer. Este movimento reflete não apenas uma resposta às mudanças globais nas dinâmicas de trabalho, mas também uma adaptação às necessidades e preferências dos profissionais modernos.

O trabalho remoto, impulsionado pelas avançadas tecnologias de comunicação, tornou-se uma opção viável e atrativa para muitos profissionais em Portugal. Empresas, reconhecendo os benefícios da flexibilidade, têm adotado modelos híbridos ou totalmente remotos, permitindo que os colaboradores realizem suas atividades de qualquer lugar do país. Esta mudança tem proporcionado uma maior harmonia entre vida profissional e pessoal, permitindo aos trabalhadores ajustarem seus horários de acordo com suas necessidades individuais.

Além disso, o trabalho freelancer floresce como uma alternativa dinâmica e independente. Profissionais especializados, como designers, redatores, programadores e consultores, encontram oportunidades abundantes no mercado freelancer. Plataformas online conectam talentos a projetos de todo o mundo, proporcionando uma variedade de oportunidades para aqueles que buscam autonomia e diversidade em suas carreiras.

Portugal, conhecido por sua qualidade de vida, clima favorável e comunidades acolhedoras, atrai profissionais remotos internacionais. O regime fiscal favorável para residentes não habituais também tem contribuído para tornar o país uma escolha popular para profissionais que desejam combinar um ambiente de trabalho flexível com uma excelente qualidade de vida.

Em resumo, o crescimento do trabalho remoto e freelancer em Portugal não apenas reflete as mudanças nas dinâmicas de trabalho globais, mas também destaca a capacidade do país de se adaptar às necessidades em constante evolução dos profissionais modernos. Esta transformação não só cria oportunidades para os trabalhadores locais, mas também estabelece Portugal como um destino atraente para talentos internacionais em busca de um estilo de vida equilibrado e oportunidades profissionais diversificadas.

CAPÍTULO 3

EMPREENDEDORISMO EM PORTUGAL

Clima Empresarial

O clima empresarial em Portugal tem passado por uma evolução notável, refletindo o espírito empreendedor do país e seu compromisso com a inovação. Nos últimos anos, uma série de fatores contribuiu para criar um ambiente propício ao crescimento de negócios e ao desenvolvimento de novas ideias.

Uma das características marcantes do clima empresarial português é a promoção de startups e pequenas empresas. Incubadoras e espaços de coworking proliferam em cidades como Lisboa e Porto, proporcionando um ambiente estimulante para o nascimento e desenvolvimento de novos empreendimentos. Este ecossistema dinâmico fomenta a troca de ideias, colaborações e o surgimento de soluções inovadoras.

O governo português tem desempenhado um papel ativo no estímulo ao empreendedorismo, oferecendo incentivos fiscais, apoio financeiro e programas de aceleração para startups. Esta abordagem pró-ativa tem atraído empreendedores locais e internacionais, solidificando a posição de Portugal como um polo de inovação na Europa.

Além disso, a mentalidade empresarial em Portugal é marcada pela resiliência e adaptação. Empresas tradicionais têm buscado a transformação digital, incorporando novas tecnologias para permanecerem competitivas em um ambiente globalizado. Esta abertura à mudança e a disposição para abraçar a inovação têm contribuído significativamente para a vitalidade do clima empresarial.

O acesso a financiamento também tem melhorado, com um aumento notável no investimento de capital de risco. Isso proporciona às empresas, especialmente as inovadoras e tecnológicas, os recursos necessários para expandir e alcançar seus objetivos de crescimento.

Em resumo, o clima empresarial em Portugal é caracterizado por uma cultura empreendedora vibrante, suporte governamental ativo e uma mentalidade adaptável. Esses elementos combinados criam um ambiente estimulante para negócios de todos os tamanhos, promovendo a inovação e contribuindo para o desenvolvimento econômico sustentável do país.

Como Iniciar um Negócio

Iniciar um negócio em Portugal é um passo empolgante, e o país oferece um ambiente favorável para empreendedores. Aqui estão alguns passos fundamentais para começar um negócio bem-sucedido:

1. **Pesquisa e Planejamento:** Antes de iniciar, conduza uma pesquisa de mercado abrangente. Entenda a demanda pelo seu produto ou serviço, identifique concorrentes e avalie a viabilidade do seu negócio. Elabore um plano de negócios detalhado que inclua metas, estratégias de marketing, projeções financeiras e análise de custos.

2. **Escolha do Tipo de Negócio e Estrutura Jurídica:** Determine o tipo de negócio que você deseja abrir e escolha a estrutura jurídica mais

adequada. Opções incluem sociedade limitada, empresário em nome individual (ENI) e sociedade anónima. Considere as implicações fiscais e legais de cada opção.

3. **Registo da Empresa:** Registe a sua empresa no Registo Nacional de Pessoas Coletivas (RNPC) ou no Balcão do Empreendedor. Este passo formaliza a existência legal da empresa e permite a emissão de faturas.

4. **Licenciamento e Autorizações:** Dependendo do setor, pode ser necessário obter licenças específicas. Certifique-se de compreender os requisitos regulatórios e obtenha as autorizações necessárias antes de iniciar as operações.

5. **Gestão Financeira:** Estabeleça uma estrutura financeira sólida. Abra uma conta bancária empresarial e mantenha uma contabilidade rigorosa. Conheça as obrigações fiscais e cumpra os prazos para evitar penalidades.

6. **Recursos Humanos:** Se o seu negócio exigir funcionários, compreenda as leis

laborais em Portugal. Registe os seus colaboradores na Segurança Social e cumpra as obrigações legais relativas a contratos de trabalho e salários.

7. **Marketing e Presença Online:** Desenvolva uma estratégia de marketing sólida. Crie uma presença online através de um website e nas redes sociais. Utilize plataformas locais e internacionais para promover os seus produtos ou serviços.

8. **Redes de Apoio e Parcerias:** Integre-se nas redes empresariais locais. Associações e câmaras de comércio oferecem oportunidades de networking e suporte. Considere parcerias estratégicas que possam impulsionar o seu negócio.

9. **Adaptação e Inovação:** Esteja preparado para adaptar o seu negócio às mudanças do mercado. Inove e esteja atento às oportunidades emergentes.

10. **Avaliação Contínua:** Regularmente avalie o desempenho do seu negócio. Analise métricas financeiras, feedback

dos clientes e faça ajustes conforme necessário para melhorar e crescer.

Com uma abordagem diligente e estratégica, iniciar um negócio em Portugal pode ser uma jornada emocionante e bem-sucedida.

Apoios e Incentivos Governamentais

Portugal oferece uma variedade de apoios e incentivos governamentais para empreendedores que buscam iniciar ou expandir seus negócios. Estes programas visam estimular o empreendedorismo, promover o crescimento econômico e facilitar a criação de empregos. Aqui estão alguns dos apoios e incentivos disponíveis:

1. **SI2E - Sistema de Incentivos ao Empreendedorismo e Emprego:** Este programa visa apoiar projetos de criação, expansão ou modernização de micro e pequenas empresas. Os incentivos incluem apoio financeiro, como subsídios a fundo perdido c créditos a taxas bonificadas.

2. **Portugal 2020:** Portugal 2020 é um programa de financiamento que disponibiliza fundos da União Europeia para apoiar o desenvolvimento sustentável, inovação e competitividade. Empreendedores podem aceder a estes fundos para investir em projetos que promovam o crescimento económico.

3. **Programa Nacional de Microcrédito:** Destinado a microempresas e empreendedores individuais, o Programa Nacional de Microcrédito oferece acesso a microcréditos para financiar projetos de pequena escala. Estes empréstimos são acompanhados por apoio técnico e orientação.

4. **IFRRU 2020 - Instrumento Financeiro para a Reabilitação e Revitalização Urbanas:** Empreendedores envolvidos em projetos de reabilitação urbana podem beneficiar do IFRRU 2020, que oferece condições financeiras favoráveis para a recuperação de edifícios e espaços urbanos.

5. **StartUP Voucher:** Este programa é destinado a jovens empreendedores, proporcionando apoio financeiro para a criação de novas empresas. Além do financiamento, o StartUP Voucher oferece mentoria, formação e espaço de trabalho.

6. **Incentivos Fiscais ao Investimento:** Portugal oferece diversos incentivos fiscais, como deduções para investimentos em investigação e desenvolvimento, e benefícios para empresas que se estabelecem em áreas de baixa densidade populacional.

7. **Empreendedorismo Qualificado e Criativo:** Este programa visa atrair empreendedores altamente qualificados e criativos. Oferece condições fiscais preferenciais para profissionais altamente qualificados que se estabeleçam em Portugal.

É fundamental que empreendedores consultem entidades governamentais relevantes, como o IAPMEI (Agência para a Competitividade e Inovação), para obter informações atualizadas sobre os diversos apoios e incentivos disponíveis, uma vez que estes programas podem ser ajustados ao longo do tempo.

CAPÍTULO 4

INVESTIMENTOS E FINANÇAS PESSOAIS

Opções de Investimento em Portugal

Portugal oferece diversas opções de investimento para quem procura oportunidades de crescimento financeiro. Seja através de investimentos tradicionais ou em setores emergentes, o país proporciona um ambiente atrativo para investidores. Aqui estão algumas opções a considerar:

1. **Imobiliário:** O mercado imobiliário em Portugal tem sido uma opção popular de investimento. Cidades como Lisboa e Porto têm experimentado uma valorização significativa. Além de propriedades residenciais, o investimento em imóveis comerciais e turísticos também é uma alternativa.

2. **Startups e Empreendedorismo:** Investir em startups e projetos empreendedores é uma opção dinâmica. Portugal tem visto um crescimento notável no ecossistema de startups, com oportunidades em

setores como tecnologia, biotecnologia e energias renováveis.

3. **Energias Renováveis:** Portugal tem feito investimentos significativos em energias renováveis, especialmente solar e eólica. Participar em projetos de energia limpa pode oferecer retornos atrativos, aproveitando o compromisso do país com a sustentabilidade.

4. **Fundos de Investimento e Mercado Financeiro:** Investir em fundos mútuos, ETFs (Exchange-Traded Funds) e ações na bolsa portuguesa (Euronext Lisboa) são opções tradicionais. Além disso, considerar consultoria financeira para investimentos diversificados.

5. **Turismo:** O setor do turismo continua a ser uma área atrativa para investimentos, especialmente em alojamentos turísticos, restaurantes e serviços relacionados. Com o aumento contínuo do turismo em Portugal, há oportunidades para investir em negócios que atendem a essa demanda.

6. **Agricultura e Agroindústria:** Investir em agricultura e setores relacionados à agroindústria pode ser uma opção, aproveitando a rica tradição agrícola de Portugal. Vinicultura, olivicultura e produção de produtos biológicos são áreas em crescimento.

7. **Private Equity e Venture Capital:** Participar em investimentos de private equity e venture capital permite apoiar o crescimento de empresas em estágios iniciais ou em expansão. Estes investimentos podem oferecer retornos significativos, mas geralmente envolvem um horizonte de investimento mais longo.

8. **Certificados de Aforro e Obrigações do Tesouro:** Para investidores mais conservadores, os Certificados de Aforro e Obrigações do Tesouro são opções de baixo risco emitidas pelo Estado Português, oferecendo retornos estáveis ao longo do tempo.

Antes de investir, é crucial realizar uma análise de mercado, compreender os riscos associados a cada opção e, se necessário, buscar a orientação de consultores financeiros. O contexto regulatório e as condições do mercado podem influenciar a escolha da melhor opção de investimento.

Planejamento Financeiro Pessoal

O planejamento financeiro pessoal é essencial para garantir estabilidade e prosperidade a longo prazo. Em Portugal, assim como em qualquer lugar, seguir práticas sólidas de gestão financeira pode ajudar a alcançar metas e enfrentar desafios inesperados. Aqui estão passos importantes para um planejamento financeiro eficaz:

1. **Orçamento Detalhado:** Comece criando um orçamento detalhado. Registre todas as fontes de renda e despesas mensais. Isso proporciona uma visão clara de como o dinheiro é ganho e gasto, permitindo ajustes conforme necessário.

2. **Estabeleça Metas Financeiras:** Defina metas financeiras realistas e específicas. Isso pode incluir economizar para a educação dos filhos,

comprar uma casa, investir ou preparar-se para a aposentadoria. Ter metas claras ajuda a direcionar os esforços financeiros.

3. **Construa uma Reserva de Emergência:** Mantenha uma reserva de emergência para lidar com despesas imprevistas, como reparos em casa ou despesas médicas. Recomenda-se ter pelo menos três a seis meses de despesas básicas cobertas.

4. **Gerenciamento de Dívidas:** Avalie e gerencie dívidas de maneira eficaz. Reduza o endividamento acumulando altas taxas de juros e concentre-se em quitar dívidas antes de considerar investimentos mais agressivos.

5. **Investimentos e Poupança:** Explore opções de investimento adequadas ao seu perfil de risco. Em Portugal, certificados de aforro, fundos de investimento e planos de poupança reforma são opções populares. Diversificar investimentos é uma estratégia prudente.

6. **Seguro Pessoal e Saúde:** Garanta que tenha um seguro adequado para proteger a sua saúde e propriedade. Avalie suas necessidades e escolha coberturas que proporcionem segurança financeira em caso de imprevistos.

7. **Aposentadoria:** Planeje a aposentadoria começando cedo. Contribua para regimes de pensões privados ou públicos. Portugal oferece regimes fiscais favoráveis para residentes não habituais, o que pode ser explorado por estrangeiros que se mudam para o país.

8. **Educação Financeira:** Invista tempo na educação financeira. Compreender os princípios básicos de investimento, poupança e gestão financeira ajuda a tomar decisões informadas.

9. **Revisão Periódica:** Revise regularmente o seu planejamento financeiro. À medida que a vida evolui, ajustes podem ser necessários para garantir que o plano continue a atender às suas metas e circunstâncias.

10. **Consultoria Financeira Profissional:** Considere procurar orientação de um consultor financeiro para criar um plano personalizado com base nas suas necessidades e objetivos específicos.

Ao seguir esses passos e adaptar o plano conforme necessário ao longo do tempo, os indivíduos podem construir uma base financeira sólida que lhes permita alcançar seus objetivos e enfrentar os desafios financeiros com confiança.

Bancos e Serviços Financeiros Locais

Portugal possui uma sólida infraestrutura bancária e uma variedade de serviços financeiros para atender às necessidades dos residentes e investidores. Aqui estão alguns dos principais bancos e serviços financeiros disponíveis no país:

1. **Caixa Geral de Depósitos (CGD):** Como o maior banco estatal em Portugal, a CGD oferece uma ampla gama de serviços bancários, desde contas correntes até empréstimos e investimentos. Possui uma presença

significativa em todo o país, com agências em áreas urbanas e rurais.

2. **Banco Comercial Português (BCP):** O BCP é um dos maiores bancos privados em Portugal. Oferece serviços bancários tradicionais, como contas correntes, empréstimos e cartões de crédito. Também possui uma presença internacional.

3. **Novo Banco:** Resultado da resolução do Banco Espírito Santo, o Novo Banco é uma instituição financeira que oferece uma variedade de serviços bancários, incluindo contas, investimentos e créditos.

4. **Banco Santander Totta:** Integrante do Grupo Santander, o Santander Totta opera em Portugal, oferecendo serviços bancários, de investimento e seguros. É parte de uma rede internacional com presença global.

5. **Banco BPI (Bank of Investment and Property):** O BPI é um banco privado que oferece uma ampla gama de serviços financeiros, incluindo gestão de ativos, seguros e banca de

investimento. Também faz parte do Grupo CaixaBank.

6. **Millennium BCP:** O Millennium BCP é um dos maiores bancos privados em Portugal. Oferece serviços bancários tradicionais, bem como soluções de investimento e gestão de patrimônio.

7. **Montepio Geral:** A Caixa Económica Montepio Geral é uma instituição mutualista que oferece serviços bancários, incluindo contas de poupança, créditos e seguros. Sua estrutura é baseada em princípios cooperativos.

Serviços Financeiros:

1. **Bolsa de Valores de Lisboa (Euronext Lisboa):** A bolsa de valores de Lisboa faz parte do grupo Euronext e oferece oportunidades de investimento em ações, títulos e outros instrumentos financeiros.

2. **Seguradoras Locais:** Portugal tem várias seguradoras locais que fornecem uma variedade de seguros, incluindo

automóveis, saúde, vida e propriedades.

3. **Gestoras de Fundos de Investimento:** Diversas gestoras de fundos de investimento operam em Portugal, oferecendo opções para investidores interessados em fundos mútuos, ETFs e outros veículos de investimento.

4. **Fintechs:** A cena de fintech em Portugal tem crescido, oferecendo soluções inovadoras, como pagamentos digitais, empréstimos peer-to-peer e plataformas de gestão financeira pessoal.

Os serviços financeiros em Portugal são regulamentados e supervisionados pelo Banco de Portugal, garantindo uma base sólida e segura para as transações financeiras. Antes de escolher um banco ou serviço financeiro, é recomendável comparar as ofertas, taxas e condições para encontrar a opção mais adequada às suas necessidades.

CAPÍTULO 5

EDUCAÇÃO E DESENVOLVIMENTO PROFISSIONAL

Cursos e Certificações Valorizados

Em Portugal, assim como em muitos outros lugares, existem cursos e certificações valorizados em diversos setores. Essas qualificações podem melhorar suas habilidades, tornando-o mais competitivo no mercado de trabalho. Aqui estão algumas áreas e exemplos de cursos e certificações valorizados:

1. Tecnologia e TI:

- **Certificações Cisco (CCNA, CCNP):** Certificações de rede que são altamente reconhecidas no setor de TI.

- **Certificação Microsoft (MCSA, MCSE):** Certificações para profissionais que trabalham com tecnologias Microsoft.

- **Desenvolvimento Web (por exemplo, certificações em JavaScript, React, Node.js):** Certificações que validam habilidades específicas em desenvolvimento web.

2. Finanças e Contabilidade:

- **Chartered Financial Analyst (CFA):** Uma certificação globalmente reconhecida para profissionais de finanças e investimentos.

- **Association of Chartered Certified Accountants (ACCA):** Certificação internacional para contadores.

3. Saúde e Bem-Estar:

- **Certificado em Nutrição:** Qualificação para profissionais no campo da nutrição e dietética.

- **Certificação em Primeiros Socorros:** Importante para profissionais de saúde e para muitas outras áreas.

4. Marketing e Comunicação:

- **Certificação Google Analytics e Google Ads:** Importante para profissionais de marketing digital.

- **Diploma em Marketing Digital:** Oferecido por diversas instituições de ensino.

5. Idiomas e Tradução:

- **Certificação de Proficiência em Inglês (por exemplo, Cambridge Certificate):** Valorizada em muitos setores, especialmente internacionalmente.

- **Tradução e Interpretação (por exemplo, certificações ATA):** Para profissionais de linguagem.

6. Recursos Humanos:

- **Society for Human Resource Management (SHRM):** Certificação para profissionais de recursos humanos.

- **Certificação em Coaching:** Valiosa para profissionais que desejam ingressar no campo de coaching.

7. Educação e Ensino:

- **Certificação de Professores (por exemplo, CAP - Certificado de**

Aptidão Profissional): Necessária para quem deseja lecionar em Portugal.

- **Certificação em Ensino de Línguas (por exemplo, CELTA):** Importante para professores de línguas estrangeiras.

8. Setor Imobiliário:

- **Curso em Avaliação Imobiliária:** Para profissionais no setor imobiliário.

- **Certificação em Mediação Imobiliária:** Necessária para corretores de imóveis.

9. Agricultura e Sustentabilidade:

- **Certificação em Agricultura Biológica:** Para profissionais no setor agrícola sustentável.

- **Curso em Gestão de Recursos Naturais:** Importante para áreas relacionadas à sustentabilidade.

10. Gestão de Projetos: - **Project Management Professional (PMP):** Certificação global para profissionais de gerenciamento de projetos. - **Certificação**

PRINCE2: Metodologia de gerenciamento de projetos reconhecida internacionalmente.

Lembre-se de que a relevância das certificações pode variar com o tempo e o setor, portanto, é importante pesquisar as demandas atuais do mercado e alinhar suas escolhas de formação com suas metas de carreira. Além disso, algumas profissões podem ter requisitos específicos em Portugal, por isso é aconselhável verificar as exigências regulatórias do setor em que você está interessado.

Desenvolvimento de Habilidades em Alta Demanda

Em um mundo dinâmico e em constante evolução, o desenvolvimento de habilidades em alta demanda é essencial para quem busca se destacar e prosperar em suas carreiras. À medida que as indústrias se transformam e novas tecnologias emergem, a adaptabilidade torna-se uma qualidade fundamental para profissionais de todas as áreas.

1. Habilidades Tecnológicas: À medida que a transformação digital avança, habilidades tecnológicas estão em alta demanda.

Profissionais que dominam programação, análise de dados, inteligência artificial e cibersegurança estão na vanguarda da revolução tecnológica, contribuindo para o crescimento e inovação em diversos setores.

2. Competências em Gerenciamento de Dados: A explosão de dados requer profissionais com habilidades em gerenciamento e análise de dados. A capacidade de extrair insights significativos a partir de conjuntos de dados complexos é crucial para tomadas de decisões informadas e estratégias empresariais eficazes.

3. Habilidades em Inovação e Criatividade: Empresas valorizam profissionais capazes de pensar criativamente e propor soluções inovadoras. A capacidade de enfrentar desafios de maneira única e de gerar novas ideias impulsiona o desenvolvimento e o sucesso organizacional.

4. Competências em Comunicação e Colaboração: Habilidades interpessoais, como comunicação eficaz e colaboração, são mais importantes do que nunca. Profissionais que podem articular ideias complexas, colaborar em equipes distribuídas e liderar com empatia são essenciais para ambientes de trabalho modernos.

5. Literacia Digital e Habilidades em Mídias Sociais: A literacia digital vai além do conhecimento básico de computadores. Com as mídias sociais desempenhando um papel significativo em comunicações e marketing, profissionais com habilidades em gerenciamento de redes sociais e estratégias digitais têm uma vantagem competitiva.

6. Adaptabilidade e Aprendizado Contínuo: A habilidade de se adaptar rapidamente a mudanças e demonstrar uma disposição para aprendizado contínuo é altamente valorizada. A capacidade de se atualizar e adquirir novas competências é uma vantagem distintiva em um ambiente de trabalho dinâmico.

7. Competências em Gestão de Projetos: Profissionais capazes de gerenciar projetos de forma eficiente, cumprindo prazos e orçamentos, são fundamentais. Certificações em gerenciamento de projetos, como o PMP, são reconhecidas globalmente.

8. Consciência Cultural e Diversidade: Em um mundo cada vez mais globalizado, a consciência cultural e a habilidade de trabalhar em ambientes diversificados são inestimáveis. Profissionais que valorizam e respeitam a diversidade contribuem para culturas de trabalho inclusivas e produtivas.

9. Resolução de Problemas Complexos: A capacidade de analisar problemas complexos e desenvolver soluções eficazes é uma habilidade essencial. Profissionais que podem abordar desafios de maneira sistemática e criativa são ativos valiosos para qualquer organização.

10. Competências em Sustentabilidade e Responsabilidade Social: À medida que a sustentabilidade se torna uma preocupação global, profissionais com conhecimentos em práticas sustentáveis e responsabilidade social corporativa estão em alta demanda. Essas competências contribuem para empresas social e ambientalmente responsáveis.

Investir no desenvolvimento dessas habilidades não apenas aumenta a empregabilidade, mas também posiciona os profissionais para liderar e inovar em suas áreas. A busca contínua pelo aprimoramento de competências é um caminho seguro para

enfrentar os desafios do mundo profissional
em constante mudança.

CAPÍTULO 6

TRABALHO AUTÔNOMO E GIG ECONOMY

O trabalho autônomo e a gig economy têm desempenhado papéis crescentes na dinâmica do mercado de trabalho em Portugal, refletindo uma mudança nas preferências dos trabalhadores e nas necessidades do mercado. Aqui estão alguns aspectos relevantes sobre o trabalho autônomo e a gig economy no contexto português:

1. Autônomos e Profissionais Liberais: Muitos profissionais em Portugal escolhem ser autônomos ou trabalhar como profissionais liberais. Isso inclui freelancers, consultores, artistas, profissionais de TI, entre outros. A autonomia proporciona flexibilidade de horários e a oportunidade de escolher projetos alinhados aos interesses e habilidades pessoais.

2. Plataformas de Freelance: Plataformas online de freelancers, como Upwork e Freelancer, conectam profissionais independentes a projetos em todo o mundo. Em Portugal, essas plataformas oferecem oportunidades para freelancers em diversas áreas, desde redação e design até programação e marketing digital.

3. Setores Específicos na Gig Economy: Algumas áreas específicas em Portugal têm experimentado um aumento na gig economy. Por exemplo, motoristas de plataformas de transporte compartilhado, como Uber e Bolt, representam uma parcela significativa da força de trabalho autônoma.

4. Ensino e Consultoria Independente: Profissionais da área da educação e consultores independentes têm encontrado oportunidades no trabalho autônomo. Oferecer aulas particulares, workshops ou consultorias especializadas são formas comuns de exercer a autonomia profissional.

5. Desafios do Trabalho Autônomo: Apesar da flexibilidade oferecida pelo trabalho autônomo, os profissionais independentes em Portugal enfrentam desafios, como a instabilidade financeira, a falta de benefícios tradicionais de emprego e a necessidade de lidar com questões administrativas e fiscais.

6. Regulamentação e Proteção Social: O governo português tem reconhecido a importância do trabalho autônomo e da gig economy e está trabalhando na implementação de regulamentações que garantam direitos e proteção social para esses profissionais. O debate sobre a criação de um estatuto específico para trabalhadores de plataformas digitais está em curso.

7. Oportunidades para Profissionais Multinacionais: Portugal, conhecido por sua qualidade de vida, clima favorável e comunidades acolhedoras, tornou-se um destino atraente para profissionais autônomos de diferentes partes do mundo. O regime fiscal favorável para residentes não habituais também tem contribuído para atrair talentos internacionais.

8. Adaptação à Era Digital: A digitalização tem sido um facilitador crucial para o crescimento da gig economy em Portugal. Plataformas online, comunicação remota e serviços digitais têm permitido que profissionais autônomos alcancem uma audiência global e diversificada.

Em resumo, o trabalho autônomo e a gig economy continuam a ganhar destaque em Portugal, oferecendo oportunidades para profissionais que buscam flexibilidade e autonomia em suas carreiras. Ao mesmo tempo, a regulamentação e a proteção social estão evoluindo para garantir que esses profissionais desfrutem de condições de trabalho justas e seguras.

Oportunidades na Economia Gig

A economia gig, caracterizada por trabalho temporário, freelance e contratações independentes, oferece uma série de oportunidades para profissionais que buscam flexibilidade e diversidade em suas carreiras. Em Portugal, como em muitos outros lugares, a economia gig tem crescido significativamente, impulsionada por avanços tecnológicos e mudanças nas preferências de trabalho. Aqui estão algumas oportunidades específicas na economia gig em Portugal:

1. **Plataformas de Freelance Online:** Plataformas como Upwork, Freelancer e Workana conectam freelancers a projetos em todo o mundo. Profissionais portugueses têm a oportunidade de oferecer seus serviços em áreas como redação, design, programação, marketing e muito mais.

2. Serviços de Entrega e Motoristas de Aplicativos: Com o aumento do comércio eletrônico, a demanda por serviços de entrega cresceu. Motoristas de plataformas como Uber Eats, Glovo e Bolt têm a chance de ganhar dinheiro extra, especialmente em áreas urbanas movimentadas.

3. Ensino e Tutoria Online: Professores e especialistas em diversas disciplinas podem oferecer serviços de ensino e tutoria online. Plataformas como Superprof e Chegg Tutors proporcionam oportunidades para compartilhar conhecimentos.

4. Design Gráfico e Multimídia: Designers gráficos, ilustradores e criadores de conteúdo multimídia têm demanda crescente na economia gig. Projetos de design, criação de logotipos e produção de conteúdo visual são áreas em que profissionais podem encontrar oportunidades.

5. Consultoria e Serviços Profissionais: Consultores independentes em diversas áreas, como marketing, gestão, recursos humanos e finanças, podem oferecer seus serviços a empresas locais e internacionais.

6. Turismo e Experiências Locais: Guias turísticos independentes e profissionais que oferecem experiências locais únicas têm a oportunidade de atender a crescente demanda por turismo personalizado e autêntico.

7. Serviços de Tradução e Interpretação: Profissionais bilíngues podem oferecer serviços de tradução e interpretação online. Com a globalização, a demanda por comunicação multilíngue continua a crescer.

8. Desenvolvimento de Aplicativos e Tecnologia: Programadores e desenvolvedores de software têm uma ampla gama de oportunidades na economia gig. Projetos de desenvolvimento de aplicativos, design de sites e manutenção de sistemas estão em alta demanda.

9. Fotografia e Produção de Conteúdo Visual: Fotógrafos independentes e produtores de conteúdo visual podem encontrar oportunidades em eventos, publicidade, redes sociais e marketing digital.

10. Saúde e Bem-Estar Online: Profissionais de saúde, como treinadores pessoais, nutricionistas e terapeutas, podem oferecer serviços online, atendendo a uma crescente demanda por bem-estar virtual.

Embora a economia gig ofereça oportunidades flexíveis, é importante que os profissionais estejam cientes dos desafios, como a falta de benefícios tradicionais e a necessidade de gerir suas finanças de forma autônoma. No entanto, para aqueles que buscam diversidade e flexibilidade, a economia gig em Portugal continua a ser uma fonte significativa de oportunidades de carreira.

Plataformas de Freelance em Portugal

Em Portugal, assim como em outros lugares, diversas plataformas de freelance conectam profissionais independentes a oportunidades de trabalho. Estas plataformas oferecem uma ampla gama de projetos em diferentes setores. Aqui estão algumas plataformas de freelance populares em Portugal:

1. **Upwork:** Upwork é uma das maiores plataformas globais de freelancers. Profissionais portugueses podem criar perfis, oferecer seus serviços e candidatar-se a projetos em áreas

como redação, design, programação, marketing e muito mais.

2. **Freelancer:** Similar ao Upwork, Freelancer é uma plataforma global que conecta freelancers a projetos em diversas categorias. Os profissionais podem oferecer seus serviços e competir por trabalhos com base em suas habilidades e experiência.

3. **Workana:** Workana é uma plataforma de freelancers especialmente popular em países de língua portuguesa. Profissionais independentes em Portugal podem encontrar oportunidades em design, programação, redação, tradução e outras áreas.

4. **PeoplePerHour:** PeoplePerHour é uma plataforma que conecta freelancers a projetos específicos por hora. Profissionais portugueses podem oferecer seus serviços em áreas como marketing, design, desenvolvimento web e consultoria.

5. **Fiverr:** Fiverr é conhecida por permitir que profissionais ofereçam serviços a

partir de 5 dólares, embora muitos projetos tenham valores mais elevados. A plataforma abrange diversas categorias, incluindo redação, design, música, marketing e programação.

6. **99Freelas:** 99Freelas é uma plataforma brasileira que também atrai freelancers de Portugal. Oferece oportunidades em diversas áreas, como design, redação, programação, marketing e tradução.

7. **Trabalho Freelance:** Trabalho Freelance é uma plataforma específica para freelancers portugueses. Oferece oportunidades em design, redação, programação, marketing digital, entre outras áreas.

8. **Toptal:** Toptal é uma plataforma que se concentra em conectar empresas a freelancers altamente qualificados. A seleção é rigorosa, e apenas os melhores profissionais são aceitos na plataforma.

9. **WeWorkRemotely:** Embora focada principalmente em trabalho remoto, WeWorkRemotely também oferece oportunidades para freelancers em

áreas como desenvolvimento web, design, marketing e suporte ao cliente.

10. **Twine:** Twine é uma plataforma que conecta freelancers nas áreas de design, música e vídeo. Profissionais portugueses podem criar perfis e colaborar em projetos criativos.

Ao utilizar essas plataformas, é importante criar perfis detalhados, destacar habilidades e experiências relevantes e manter uma comunicação profissional com os clientes. Além disso, estar ciente das políticas e taxas das plataformas é fundamental para garantir uma experiência positiva como freelancer.

CAPÍTULO 7

IMIGRAÇÃO E TRABALHO PARA ESTRANGEIROS

Portugal tem se tornado um destino atrativo para estrangeiros em busca de oportunidades de trabalho e qualidade de vida. Se você está considerando imigrar para Portugal para trabalhar, é importante entender os processos e requisitos. Aqui estão alguns pontos chave sobre imigração e trabalho para estrangeiros em Portugal:

1. Vistos de Trabalho:

- Para trabalhar em Portugal, a obtenção de um visto de trabalho é geralmente necessária para cidadãos não pertencentes à União Europeia (UE) ou ao Espaço Econômico Europeu (EEE).

- Existem diferentes tipos de vistos, incluindo o visto de trabalho subordinado, para emprego por conta de outrem, e o visto de trabalho independente, para quem pretende desenvolver uma atividade profissional por conta própria.

2. Procura de Emprego:

- É possível procurar emprego enquanto ainda está fora de Portugal, mas muitas vezes é mais eficaz estar fisicamente presente para entrevistas e networking.

- Plataformas de emprego online, agências de recrutamento e redes profissionais são recursos úteis na busca por oportunidades.

3. Setores em Crescimento:

- Setores como tecnologia, turismo, saúde, energias renováveis e indústrias criativas têm visto um crescimento significativo, proporcionando oportunidades para profissionais estrangeiros.

4. Reconhecimento de Qualificações:

- Para certas profissões, pode ser necessário obter o reconhecimento das suas qualificações junto das autoridades portuguesas.

- Algumas profissões regulamentadas, como médicos e advogados, têm requisitos específicos para a prática em Portugal.

5. Residência:

- Além do visto de trabalho, você precisará garantir o estatuto de residente em Portugal. O processo pode variar com base na sua nacionalidade e no propósito da sua estadia.

- O regime de Residente Não Habitual (RNH) pode oferecer benefícios fiscais para certas categorias de residentes estrangeiros.

6. Idioma:

- Embora muitas empresas em Portugal valorizem profissionais multilíngues, ter proficiência em português pode ser uma vantagem significativa para integração na sociedade e no mercado de trabalho.

7. Segurança Social e Impostos:

- Os trabalhadores estrangeiros estão sujeitos ao sistema de Segurança Social em Portugal. É importante entender como funcionam os descontos e benefícios sociais.

- O sistema fiscal português tem características específicas, e é aconselhável obter a orientação de um especialista para garantir conformidade.

8. Rede de Apoio:

- Participar de eventos de networking, grupos de expatriados e comunidades locais pode ser valioso para construir uma rede de apoio e obter informações práticas sobre a vida em Portugal.

9. Acompanhamento Legal:

- Recorrer a serviços de um advogado de imigração ou consultor pode facilitar o processo e garantir que você esteja ciente de todos os requisitos legais.

Antes de decidir mudar-se para Portugal, é crucial pesquisar e entender completamente os requisitos específicos para o seu caso. Consultar recursos governamentais, embaixadas e profissionais especializados pode fornecer informações precisas e personalizadas de acordo com a sua situação.

Processo de Imigração

O processo de imigração para Portugal pode variar dependendo do seu país de origem, do propósito da sua mudança e do tipo de visto que você está buscando. No entanto, aqui estão os passos gerais envolvidos no processo de imigração para trabalhar em Portugal:

1. Identificação do Visto Adequado:

- Determine o tipo de visto que melhor se adequa à sua situação. Os vistos de trabalho mais comuns são o visto de trabalho subordinado (para emprego por conta de outrem) e o visto de trabalho independente (para trabalhadores independentes).

2. Requisitos de Elegibilidade:

- Verifique os requisitos específicos para o visto escolhido. Isso pode incluir comprovação de emprego, qualificações profissionais, seguro de saúde, meios de subsistência e comprovação de alojamento em Portugal.

3. Documentação Necessária:

- Prepare a documentação necessária, que geralmente inclui passaporte válido, comprovantes de meios de subsistência, contrato de trabalho ou prova de atividade independente, certificados de qualificação, entre outros.

4. Pedido de Visto:

- Submeta o pedido de visto no consulado português do seu país de residência. Agende uma entrevista, se necessário. O processo pode ser feito online ou presencialmente, dependendo do consulado.

5. Processamento do Visto:

- Aguarde o processamento do seu pedido de visto. Os prazos podem variar, mas geralmente, é aconselhável iniciar o processo com antecedência para garantir que tudo esteja pronto antes da sua mudança.

6. Chegada a Portugal:

- Após a aprovação do visto, você pode viajar para Portugal. No momento da chegada, os serviços de imigração podem verificar a documentação, e você receberá uma autorização de residência temporária.

7. Registo junto do SEF (Serviço de Estrangeiros e Fronteiras):

- Dentro dos primeiros quatro meses após a chegada a Portugal, é necessário registar-se junto do SEF para obter o cartão de residência. Isso envolve a marcação de uma entrevista e a apresentação de documentos adicionais.

8. Obtenção do Número de Identificação Fiscal (NIF):

- Solicite o NIF, um número de identificação fiscal em Portugal. Este é necessário para realizar várias transações, como abrir uma conta bancária e assinar contratos.

9. Inscrição na Segurança Social:

- Registe-se na Segurança Social para ter acesso aos benefícios sociais e serviços de saúde em Portugal.

10. Integração na Comunidade: - Participe em eventos locais, junte-se a grupos de expatriados e integre-se na comunidade para facilitar a sua adaptação.

Lembre-se de que os procedimentos específicos podem variar com base na sua situação pessoal e no tipo de visto que está a solicitar. É aconselhável consultar o site oficial do SEF e, se necessário, buscar orientação legal para garantir que esteja a seguir todos os passos corretos durante o processo de imigração.

Vistos e Autorizações de Trabalho

Em Portugal, a obtenção de um visto ou autorização de trabalho é um passo crucial para estrangeiros que desejam residir e trabalhar no país. Abaixo estão alguns dos principais tipos de vistos e autorizações de trabalho em Portugal:

1. Visto de Residência para Trabalho Subordinado:

- Este visto é destinado a estrangeiros que têm uma oferta de emprego em Portugal. É necessário apresentar um contrato de trabalho ou uma promessa de contrato assinada pelo empregador português.

2. Visto de Residência para Trabalho Independente:

- Para aqueles que desejam trabalhar de forma independente ou iniciar um negócio próprio em Portugal, este visto é apropriado. É necessário demonstrar um plano de negócios sólido e sustentável.

3. Autorização de Residência para Atividade de Investimento (ARI/Golden Visa):

- Este programa atrai investidores estrangeiros. Ao investir uma quantia específica em propriedades, criar empregos ou transferir fundos para Portugal, os investidores podem obter uma autorização de residência.

4. Visto de Residência para Profissionais Qualificados (Blue Card):

- Destinado a profissionais altamente qualificados, o Blue Card permite que cidadãos de países terceiros trabalhem em Portugal e em outros países da UE. Requer uma oferta de emprego qualificada e comprovação de qualificações.

5. Autorização de Trabalho para Trabalhadores Destacados:

- Empresas que enviam trabalhadores de países fora da União Europeia para Portugal podem solicitar autorizações de trabalho para esses trabalhadores destacados.

6. Visto de Estada Temporária para Procura de Emprego:

- Este visto permite a cidadãos estrangeiros procurar emprego em Portugal por um período limitado. Não autoriza o trabalho remunerado, mas dá a oportunidade de procurar oportunidades de trabalho.

7. Visto de Residência para Investigadores e Altamente Qualificados:

- Destinado a profissionais altamente qualificados e investigadores, este visto facilita a entrada e residência de estrangeiros que contribuem para a pesquisa e inovação em Portugal.

8. Autorização de Residência para Atividades de Natureza Científica, Desportiva ou Cultural:

- Esta autorização é concedida a estrangeiros que pretendem realizar atividades científicas, desportivas ou culturais em Portugal.

9. Visto de Trabalho Temporário para Trabalhadores Não Qualificados:

- Projetado para trabalhadores não qualificados que desejam trabalhar temporariamente em Portugal, este visto é emitido com base em ofertas específicas de emprego.

10. Autorização de Residência para Empreendedores (Startup Visa): - Para estrangeiros que desejam empreender e criar

uma startup em Portugal. É necessário ter um projeto de negócio inovador e sustentável.

Procedimentos Importantes:

- Todos os vistos e autorizações devem ser solicitados nas representações consulares de Portugal no país de residência do requerente.

- Após a chegada a Portugal, o requerente deve proceder ao registo junto do SEF (Serviço de Estrangeiros e Fronteiras) para obter a autorização de residência.

É aconselhável verificar os requisitos específicos e os documentos necessários para cada tipo de visto, bem como manter-se atualizado sobre possíveis alterações nos regulamentos de imigração. Considerar a consulta a um especialista em imigração pode ser útil para garantir que o processo seja conduzido corretamente.

Redes de Apoio para Estrangeiros

Para estrangeiros que se mudam para Portugal, é fundamental contar com redes de apoio que facilitem a integração e ofereçam suporte nas diversas esferas da vida cotidiana. Aqui estão algumas redes e recursos que podem ser valiosos:

**1. Associações de Expatriados:

- Existem várias associações de expatriados em Portugal que oferecem eventos, encontros e recursos para ajudar os estrangeiros a se conectarem entre si. Exemplos incluem a American Club of Lisbon, a British-Portuguese Chamber of Commerce e a Meetup, onde você pode encontrar grupos específicos para expatriados em diferentes cidades.

2. Comunidades Online:

- Participe de fóruns online e grupos de discussão para estrangeiros em Portugal. Comunidades como o Expats Portugal e grupos no Facebook dedicados a expatriados podem ser ótimos para obter conselhos práticos, compartilhar experiências e fazer perguntas.

3. Serviços de Mentoria:

- Alguns serviços e organizações oferecem programas de mentoria para ajudar os recém-chegados a se integrarem na sociedade portuguesa. Esses programas podem ser uma fonte valiosa de orientação e suporte.

4. Grupos de Idiomas:

- Participar de grupos de idiomas pode ser uma maneira eficaz de melhorar o seu português e conhecer pessoas locais. Além disso, pode proporcionar oportunidades para criar laços sociais e culturais.

5. Serviços de Apoio ao Emprego:

- Existem organizações e serviços específicos que auxiliam na procura de emprego para estrangeiros. A Rede EURES, por exemplo, é uma rede de serviços de emprego europeus que facilita a mobilidade profissional.

6. Grupos de Atividades e Hobbies:

- Junte-se a grupos locais que compartilhem seus interesses e hobbies. Seja através de esportes, artes, música ou outras atividades, isso pode proporcionar oportunidades naturais de socialização.

7. Serviços de Apoio ao Empreendedorismo:

- Se estiver a empreender em Portugal, há organizações e redes específicas que apoiam empreendedores estrangeiros. O Startup Lisboa, por exemplo, oferece suporte a startups e empreendedores na cidade.

8. Serviços de Saúde e Bem-Estar:

- Conectar-se a serviços de saúde e bem-estar pode ser crucial. Encontrar médicos que falem a sua língua ou participar de grupos de fitness e bem-estar pode melhorar a qualidade de vida.

9. Serviços de Assistência Legal:

- Para questões legais relacionadas à imigração ou a outros assuntos, considerar serviços de assistência jurídica pode ser útil.

10. Centros de Apoio à Comunidade: - Em algumas cidades, existem centros de apoio à comunidade que oferecem recursos, workshops e eventos para ajudar os estrangeiros na sua integração.

Ao construir uma rede de apoio diversificada, você estará melhor preparado para enfrentar os desafios da mudança para um novo país e desfrutar plenamente da experiência em Portugal.

CAPÍTULO 8

ESTUDOS DE CASO INSPIRADORES

Estudo de Caso 1: Empreendedorismo na Indústria de Tecnologia

Nome do Empreendedor: Joana Silva

História: Joana Silva, uma empreendedora brasileira, mudou-se para Portugal em busca de oportunidades na indústria de tecnologia. Com formação em ciência da computação, ela percebeu a crescente demanda por soluções tecnológicas inovadoras no mercado português. Joana fundou uma startup de desenvolvimento de software focada em automação de processos para pequenas e médias empresas.

Desafios e Conquistas: Enfrentando desafios iniciais, como a adaptação ao ambiente de negócios português e a construção de uma equipe talentosa, Joana perseverou. Sua startup cresceu rapidamente, obtendo reconhecimento por soluções eficazes e inovadoras. Joana tornou-se uma referência na comunidade de empreendedorismo em

Portugal e participa ativamente de eventos e programas de mentoria para jovens empreendedores.

Estudo de Caso 2: Carreira Acadêmica e Colaboração Internacional

Nome do Profissional: Dr. Ahmed Abbas

História: Dr. Ahmed Abbas, um pesquisador egípcio, mudou-se para Portugal para buscar oportunidades acadêmicas. Ele se juntou a uma universidade portuguesa como pesquisador na área de inteligência artificial e robótica. Dr. Abbas também colaborou com pesquisadores de diferentes países em projetos internacionais financiados pela União Europeia.

Desafios e Conquistas: Adaptar-se a um novo ambiente acadêmico e cultural foi um desafio inicial para Dr. Abbas. No entanto, ele aproveitou as oportunidades para colaborar em projetos de pesquisa inovadores e contribuir para avanços na sua área. Sua pesquisa recebeu reconhecimento internacional, e ele agora é um membro ativo da comunidade acadêmica em Portugal.

Estudo de Caso 3: Sucesso no Setor de Turismo e Hospitalidade

Nome do Empresário: Miguel Ferreira

História: Miguel Ferreira, originário do Brasil, decidiu empreender no setor de turismo e hospitalidade em Portugal. Ele fundou uma empresa de turismo que oferece passeios personalizados e experiências autênticas. Miguel capitalizou na crescente popularidade de Portugal como destino turístico e na demanda por experiências únicas.

Desafios e Conquistas: Os desafios enfrentados por Miguel incluíram a construção de parcerias locais, a compreensão das preferências dos turistas e a navegação pelos regulamentos do setor. Sua empresa ganhou destaque pela qualidade dos serviços oferecidos e pela atenção personalizada aos clientes. Miguel expandiu os negócios para atender não apenas turistas, mas também eventos corporativos e locais.

Esses estudos de caso inspiradores demonstram a diversidade de oportunidades e sucessos que estrangeiros podem alcançar em Portugal, seja no empreendedorismo, na academia ou no setor de turismo. Cada história destaca a importância da resiliência, adaptação e busca constante por oportunidades para prosperar em um novo ambiente.

Lições Aprendidas e Dicas Práticas

1. **Investigue Antes de Mudar:**

   - Faça uma pesquisa detalhada sobre o país, sua cultura, custo de vida, sistema de saúde e oportunidades de emprego antes de tomar a decisão de se mudar.

2. **Aprenda o Idioma:**

   - Embora muitos portugueses falem inglês, aprender o básico do português facilitará a integração e comunicação no dia a dia.

3. **Construa uma Rede de Contatos:**

   - Participe de eventos locais, encontros de expatriados e grupos de redes sociais para construir uma rede de contatos valiosa.

4. **Entenda o Sistema Fiscal:**

  - Familiarize-se com o sistema fiscal português para evitar surpresas e garantir que você esteja cumprindo todas as obrigações fiscais.

5. **Aproveite os Recursos para Estrangeiros:**

  - Explore serviços dedicados a estrangeiros, como centros de apoio à comunidade, grupos de expatriados e serviços de mentoria.

6. **Adapte-se ao Estilo de Vida Português:**

  - Esteja aberto a adotar o estilo de vida português, que pode ser mais relaxado e centrado na comunidade.

7. **Compreenda as Formalidades Burocráticas:**

  - Familiarize-se com os processos burocráticos, como a obtenção do Número de Identificação

Fiscal (NIF) e a inscrição no sistema de saúde.

8. **Esteja Preparado para as Mudanças Climáticas:**

- Portugal tem diversas regiões climáticas. Esteja preparado para as variações e adapte-se ao clima local.

9. **Aprecie a Gastronomia Local:**

- Experimente a rica culinária portuguesa. Conheça os pratos tradicionais e explore os mercados locais.

10. **Participe nas Tradições Locais:**

- Envolver-se em festivais, celebrações e tradições locais é uma ótima maneira de se integrar à cultura portuguesa.

11. **Mantenha-se Atualizado sobre a Legislação de Imigração:**

- Esteja ciente das mudanças nas leis de imigração e assegure-se de manter sua documentação em conformidade.

12. Seja Resiliente:

- A adaptação a um novo país pode ser desafiadora. Mantenha uma mentalidade positiva, seja resiliente e esteja aberto a novas experiências.

Essas lições e dicas práticas podem ajudar estrangeiros a enfrentar os desafios e desfrutar plenamente da experiência em Portugal. A chave está na preparação, na disposição para aprender e na abertura para abraçar a cultura local.

CAPÍTULO 9

RECURSOS ADICIONAIS

Links Úteis e Websites Recomendados

1. **Portal do Imigrante:**

   - Portal do Imigrante https://imigrante.sef.pt/ fornece informações úteis sobre processos de imigração, legislação e serviços disponíveis para estrangeiros em Portugal.

2. **Serviço de Estrangeiros e Fronteiras (SEF):**

   - SEF https://www.sef.pt/ é o organismo responsável pelos serviços de imigração e fronteiras em Portugal. O site oferece informações sobre vistos, autorizações e procedimentos.

3. **Portal do Cidadão:**

   - Portal do Cidadão https://www.portaldocidadao.pt/ é

uma plataforma que fornece acesso a vários serviços públicos online, incluindo o agendamento de serviços relacionados à imigração.

4. **EURES - Portal Europeu da Mobilidade Profissional:**

- EURES https://ec.europa.eu/eures/ facilita a mobilidade profissional dentro dos países da União Europeia, oferecendo informações sobre oportunidades de emprego e condições de vida.

5. **Expats Portugal:**

- Expats Portugal https://expatsportugal.com/ é uma comunidade online que reúne expatriados em Portugal. Fóruns e recursos fornecem informações valiosas sobre a vida em Portugal.

6. **Startup Portugal:**

- [Startup Portugal https://www.startupportugal.com/](https://www.startupportugal.com/) é uma plataforma que oferece suporte a empreendedores e startups em Portugal. Fornece informações sobre programas de aceleração, eventos e notícias do ecossistema empreendedor.

7. **British-Portuguese Chamber of Commerce:**

- [British-Portuguese Chamber of Commerce https://www.britishportuguesechamber.org.uk/](https://www.britishportuguesechamber.org.uk/) é uma organização que promove relações comerciais entre o Reino Unido e Portugal, oferecendo eventos de networking e informações para empresas.

8. **American Club of Lisbon:**

- American Club of Lisbon https://www.americancluboflisbo n.com/ é uma associação que reúne a comunidade americana em Portugal, proporcionando eventos sociais e oportunidades de networking.

9. **Turismo de Portugal:**

- Turismo de Portugal https://www.visitportugal.com/ oferece informações turísticas oficiais, incluindo destinos, eventos e atrações em todo o país.

10. **Lisbon Living Guide:**

- Lisbon Living Guide https://www.lisbonlivingguide.co m/ é um recurso abrangente para expatriados em Lisboa, abordando aspectos práticos da vida na capital portuguesa.

Estes links são pontos de partida para obter informações úteis e suporte durante a sua estadia em Portugal. Certifique-se de verificar sites oficiais e atualizar as informações, pois podem ocorrer mudanças ao longo do tempo.

Cursos Online e Formações Relevantes

1. **Coursera:**

   - Coursera oferece uma ampla variedade de cursos online em colaboração com universidades e instituições de todo o mundo. Cursos relevantes incluem habilidades de programação, marketing digital e gestão de negócios.

2. **Udemy:**

   - Udemy é uma plataforma que oferece cursos em diversas áreas. Pode encontrar cursos em idiomas, marketing, design gráfico e desenvolvimento web, entre outros.

3. **LinkedIn Learning:**

- LinkedIn Learning fornece cursos nas áreas de negócios, tecnologia, criatividade e muito mais. Esses cursos podem ser úteis para aprimorar habilidades profissionais.

4. **Khan Academy:**

- Khan Academy é uma excelente opção para aprender matemática, ciências e programação de forma gratuita. É uma ferramenta valiosa para estudantes e profissionais.

5. **Escola Virtual:**

- Escola Virtual oferece cursos online em português em várias disciplinas, desde matemática até línguas estrangeiras. É uma plataforma educacional bastante utilizada.

6. **Codecademy:**

- Codecademy é uma plataforma dedicada ao ensino de programação. Se está interessado em aprender linguagens de programação, esta é uma escolha popular.

7. **IEFP - Instituto do Emprego e Formação Profissional:**

- IEFP oferece programas de formação profissional em Portugal. Verifique as oportunidades disponíveis, especialmente aquelas relacionadas aos setores em crescimento.

8. **HubSpot Academy:**

- HubSpot Academy fornece cursos gratuitos em marketing digital, vendas e serviços ao cliente. Esses cursos são valiosos para profissionais de marketing e empreendedores.

9. **DataCamp:**

- DataCamp é especializado em cursos de ciência de dados e análise estatística. Pode ser uma escolha útil para quem busca desenvolver habilidades em análise de dados.

10. **EDX:**

- edX oferece cursos de alta qualidade em parceria com universidades de renome. Desde ciência da computação até administração de empresas, há uma variedade de opções disponíveis.

Antes de se inscrever em qualquer curso, avalie suas necessidades e metas profissionais. Muitas dessas plataformas oferecem cursos gratuitos ou fornecem certificados pagos após a conclusão. Escolha cursos que se alinhem às suas aspirações e ajudem a desenvolver habilidades relevantes para o mercado em Portugal.

CAPÍTULO 10

CONCLUSÃO

Recapitulação dos Principais Pontos do eBook "Como Ganhar Dinheiro em Portugal":

1. **Visão Geral do Cenário Econômico em Portugal:**

   - Portugal apresenta uma economia em crescimento, com setores como tecnologia, turismo, saúde e energias renováveis em destaque.

2. **Objetivos do eBook:**

   - O eBook tem como objetivo orientar estrangeiros sobre oportunidades de ganhar dinheiro em Portugal, abordando temas como emprego, empreendedorismo e investimentos.

3. **Oportunidades de Emprego em Portugal:**

* Exploramos as oportunidades de emprego em setores em crescimento, a importância de reconhecimento de qualificações e dicas para procurar emprego.

4. **Setores em Crescimento:**

* Destacamos setores promissores em Portugal, incluindo tecnologia, turismo, saúde e energias renováveis.

5. **Empregos Remotos e Trabalho Freelancer:**

* Abordamos a crescente tendência de empregos remotos e trabalho freelancer em Portugal, oferecendo flexibilidade para profissionais.

6. **Clima Empresarial:**

* Discutimos o ambiente de negócios em Portugal, enfatizando a importância da adaptação às práticas e cultura empresariais locais.

7. **Como Iniciar um Negócio:**

- Oferecemos orientações práticas
  sobre como iniciar um negócio
  em Portugal, desde a elaboração
  de um plano de negócios até as
  formalidades legais.

8. **Apoios e Incentivos Governamentais:**

- Exploramos os apoios e
  incentivos oferecidos pelo
  governo português para
  estimular o empreendedorismo e
  o investimento.

9. **Opções de Investimento em Portugal:**

- Analisamos diversas opções de
  investimento, incluindo
  imobiliário, startups e outros
  setores em expansão.

10. **Planejamento Financeiro Pessoal:**

- Destacamos a importância do
  planejamento financeiro pessoal
  ao viver e trabalhar em Portugal,

incluindo gestão de despesas e economias.

11. Bancos e Serviços Financeiros Locais:

- Oferecemos informações sobre bancos e serviços financeiros locais, incluindo a abertura de contas bancárias e gestão financeira.

12. Cursos e Certificações Valorizados:

- Exploramos a relevância de cursos e certificações para aumentar a empregabilidade e abrir portas para oportunidades profissionais.

13. Desenvolvimento de Habilidades em Alta Demanda:

- Destacamos a importância do desenvolvimento contínuo de habilidades, focando em áreas de alta demanda no mercado de trabalho.

14. Trabalho Autônomo e Gig Economy:

- Exploramos as oportunidades no trabalho autônomo e na economia gig, proporcionando flexibilidade e autonomia.

15. Oportunidades na Economia Gig:

- Detalhamos as oportunidades específicas na economia gig em Portugal e plataformas de freelancers.

16. Plataformas de Freelance em Portugal:

- Apresentamos plataformas online onde profissionais independentes podem encontrar oportunidades de trabalho em Portugal.

17. Imigração e Trabalho para Estrangeiros:

- Discutimos o processo de imigração, vistos e autorizações de trabalho para estrangeiros que desejam viver e trabalhar em Portugal.

18. **Redes de Apoio para Estrangeiros:**

- Destacamos a importância de construir redes de apoio, incluindo associações de expatriados e comunidades online.

19. **Estudos de Caso Inspiradores:**

- Apresentamos casos de sucesso de empreendedores e profissionais estrangeiros que prosperaram em Portugal.

20. **Lições Aprendidas e Dicas Práticas:**

- Fornecemos lições aprendidas e dicas práticas para facilitar a transição e integração bem-sucedida em Portugal.

21. **Links Úteis e Websites Recomendados:**

- Listamos links úteis para recursos online, serviços governamentais e organizações que oferecem suporte a estrangeiros em Portugal.

22. **Cursos Online e Formações Relevantes:**

- Indicamos plataformas e cursos online que podem ajudar na aquisição de habilidades relevantes para o mercado português.

Essa recapitulação oferece uma visão abrangente dos principais tópicos abordados no eBook, fornecendo informações práticas e insights valiosos para quem busca oportunidades em Portugal.

Incentivo Final e Próximos Passos

Parabéns por explorar as oportunidades e informações apresentadas neste eBook sobre como ganhar dinheiro em Portugal! Ao considerar ou já ter iniciado essa jornada, é crucial manter uma mentalidade positiva e proativa.

Incentivo Final: Ao embarcar nessa jornada, lembre-se de que a adaptação a uma nova cultura e ambiente pode ser desafiadora, mas também é uma oportunidade de crescimento pessoal e profissional. Esteja aberto a novas experiências, construa conexões locais e aproveite ao máximo tudo o que Portugal tem a oferecer.

Próximos Passos:

1. **Planejamento Pessoal:**

   - Continue refinando seu plano pessoal, incluindo metas de curto e longo prazo, orçamento e estratégias para alcançar seus objetivos financeiros.

2. **Redes e Comunidade:**

   - Integre-se ainda mais nas redes de expatriados e na comunidade local. Participe de eventos, conheça pessoas e compartilhe suas experiências.

3. **Desenvolvimento Contínuo:**

   - Mantenha-se atualizado nas tendências do mercado, participe de cursos adicionais e busque oportunidades de desenvolvimento contínuo para aprimorar suas habilidades.

4. **Aprofunde Seu Conhecimento:**

- Explore ainda mais as especificidades do setor ou área em que está interessado. Mantenha-se informado sobre as últimas novidades e tendências.

5. **Avalie Oportunidades de Investimento:**

- Se estiver considerando investir em Portugal, avalie cuidadosamente as oportunidades disponíveis. Consulte profissionais financeiros, se necessário, para tomar decisões informadas.

6. **Explore Mais Regiões:**

- Portugal tem uma diversidade incrível de regiões. Explore diferentes áreas para descobrir aquela que melhor se alinha aos seus gostos e necessidades.

7. **Mantenha-se Atualizado:**

- Fique atento a possíveis alterações nas leis de imigração, regulamentos fiscais e outras informações importantes que possam impactar sua estadia em Portugal.

8. **Compartilhe sua Experiência:**

- Considere compartilhar sua experiência e conhecimento com outros expatriados. Isso pode ser feito através de blogs, redes sociais ou participando ativamente em comunidades online.

Lembre-se de que cada jornada é única, e seu sucesso dependerá da dedicação, adaptabilidade e perseverança. Desejamos a você muito sucesso em seus esforços para prosperar em Portugal. Se precisar de mais orientação ou informações específicas, não hesite em procurar recursos locais e profissionais especializados. Boa sorte!

CAPÍTULO 11

ANEXOS

11.1 Modelos de Documentos Úteis (por exemplo, CV, Plano de Negócios)

1. **Currículo (CV):**

   - O CV é uma ferramenta essencial ao procurar emprego. Certifique-se de incluir suas habilidades, experiências profissionais e qualificações. Utilize um formato claro e conciso. Modelo de CV Europass

     https://europa.eu/europass/select-language?destination=/node/1

2. **Carta de Apresentação:**

   - Acompanhe seu CV com uma carta de apresentação personalizada para destacar suas motivações e habilidades específicas para a vaga. Exemplo de Carta de Apresentação
     https://www.emprego.pt/

3. **Plano de Negócios:**

- Se estiver iniciando um negócio, um plano de negócios sólido é crucial. Este documento abrange sua visão, missão, estratégias de marketing, análise de mercado e projeções financeiras. Modelo de Plano de Negócios https://www.iapmei.pt/

4. **Contrato de Trabalho:**

- Ao aceitar um emprego, é essencial ter um contrato de trabalho claro. Certifique-se de entender todos os termos e condições antes de assinar. Modelo de Contrato de Trabalho https://www.economias.pt/

5. **Fatura:**

- Se trabalha como profissional independente, precisará emitir faturas. As faturas devem incluir informações como seus dados, os serviços prestados e o valor a ser pago. Modelo de Fatura https://www.deco.proteste.pt/

6. **Contrato de Arrendamento:**

- Se estiver alugando uma propriedade em Portugal, um contrato de arrendamento é essencial. Certifique-se de entender os termos antes de assinar. Modelo de Contrato de Arrendamento

7. **Contrato de Prestação de Serviços:**

- Se oferecer serviços como freelancer, um contrato de prestação de serviços é fundamental para definir claramente as expectativas entre você e seu cliente. Modelo de Contrato de Prestação de Serviços

8. **Pedido de Visto de Residência:**

- Se precisar de um visto para residir em Portugal, utilize um modelo de pedido de visto para apresentar sua solicitação de forma organizada. Modelo de Pedido de Visto de Residência

9. **Registo de Atividade Empresarial:**

- Se possui um negócio, manter um registo claro das atividades é importante. Pode usar um modelo para documentar receitas, despesas e outras transações. Modelo de Registo de Atividade Empresarial

10. **Registo de Despesas Pessoais:**

- Para manter um controle financeiro pessoal eficaz, utilize um modelo para registrar suas despesas mensais. Modelo de Registo de Despesas Pessoais

Certifique-se de adaptar esses modelos de acordo com suas necessidades específicas e consulte profissionais especializados, quando necessário, para garantir que todos os documentos estejam em conformidade com as leis locais em Portugal.

Glossário de Termos Relevantes

1. **Autorização de Residência:**

   - Documento concedido a estrangeiros que desejam residir legalmente em Portugal. Pode ser necessário para trabalhar ou empreender no país.

2. **Código do Trabalho:**

   - Conjunto de leis que regula as relações laborais em Portugal, abrangendo temas como contratos de trabalho, condições de trabalho e direitos dos trabalhadores.

3. **Economia Gig:**

   - Modelo de trabalho em que profissionais independentes realizam trabalhos temporários ou projetos específicos, muitas vezes através de plataformas online.

4. **Empreendedorismo:**

- Iniciar e conduzir um negócio próprio, envolvendo a criação e gestão de uma empresa.

5. **Freelancer:**

- Profissional autônomo que presta serviços temporários ou projetos específicos para diferentes clientes.

6. **Imigração:**

- Processo de entrada e estabelecimento de estrangeiros em um país para residência permanente ou temporária.

7. **Investimento Imobiliário:**

- Aquisição de propriedades com o objetivo de obter retorno financeiro, seja através de arrendamento ou valorização do imóvel.

8. **Legislação Laboral:**

- Conjunto de leis que regula as relações de trabalho entre

empregadores e empregados, estabelecendo direitos e responsabilidades.

9. Plano de Negócios:

- Documento que descreve a visão, missão, estratégias e projeções financeiras de um negócio.

10. Regime Fiscal:

- Conjunto de regras e normas fiscais que determinam como os impostos são aplicados a indivíduos e empresas.

11. Startups:

- Empresas emergentes e inovadoras, muitas vezes no setor de tecnologia, com potencial de crescimento rápido.

12. Teletrabalho:

- Forma de trabalho que permite que os profissionais executem suas funções remotamente, geralmente utilizando tecnologias de comunicação.

13. Turismo:

- Setor econômico que engloba atividades relacionadas a viagens, hospedagem, lazer e entretenimento.

14. Visto de Residência:

- Autorização concedida a estrangeiros para residir legalmente em Portugal por um período determinado.

15. EURES (Portal Europeu da Mobilidade Profissional):

- Plataforma que facilita a mobilidade profissional entre países da União Europeia, conectando trabalhadores a oportunidades de emprego em diferentes nações.

Este glossário oferece uma visão geral de termos relevantes para quem busca ganhar dinheiro em Portugal, seja através de emprego, empreendedorismo ou investimentos. Recomenda-se a consulta a fontes adicionais e profissionais especializados para compreender completamente esses termos no contexto português.

Agradecimento Especial aos Leitores do Livro "Como Ganhar Dinheiro em Portugal" de João Carlos de Almeida Lemos:

Caros leitores,

É com profunda gratidão e apreço que expresso meus sinceros agradecimentos a cada um de vocês que dedicou tempo à leitura do livro "Como Ganhar Dinheiro em Portugal". Foi uma jornada incrível compartilhar insights, informações e orientações sobre as diversas oportunidades que Portugal oferece.

Espero que as páginas deste livro tenham sido fonte de inspiração e conhecimento, guiando-os através dos desafios e oportunidades que o cenário econômico português apresenta. A intenção ao escrever este livro foi proporcionar um guia prático e valioso para aqueles que buscam construir suas vidas profissionais e financeiras neste belo país.

A riqueza de Portugal não se limita apenas às suas paisagens deslumbrantes, mas também à diversidade de oportunidades que se estendem a todos que buscam prosperar e crescer. Agradeço por permitirem que esse livro faça parte de suas vidas e jornadas.

Não posso deixar de expressar minha gratidão pela dedicação e empenho de todos os envolvidos na criação deste livro, desde editores e revisores até aqueles que contribuíram com valiosos insights e estudos de caso inspiradores.

Que as informações contidas nestas páginas sirvam como um farol, guiando-os rumo ao sucesso, seja no mercado de trabalho, no empreendedorismo ou nos investimentos em Portugal. Lembrem-se, o caminho para o sucesso está repleto de aprendizado e oportunidades.

Mais uma vez, muito obrigado por fazerem parte desta jornada. Que cada um de vocês encontre o sucesso e a realização em suas aspirações em terras lusitanas.

Com gratidão,

João Carlos de Almeida Lemos